儿童逻辑表达力

像「辩手」一样提问

王晶 著

苏州新闻出版集团
古吴轩出版社

图书在版编目（CIP）数据

儿童逻辑表达力. 像辩手一样提问 / 王晶著.
苏州 : 古吴轩出版社, 2024. 11. -- ISBN 978-7-5546
-2480-7

Ⅰ. H0-49

中国国家版本馆CIP数据核字第20246QL658号

责任编辑：胡敏韬
策　　划：吴　静
版式设计：林　兰
封面设计：黎　炜

书　　名：儿童逻辑表达力·像辩手一样提问
著　　者：王　晶
出版发行：苏州新闻出版集团
古吴轩出版社
地址：苏州市八达街118号苏州新闻大厦30F
电话：0512-65233679　　邮编：215123
出 版 人：王乐飞
印　　刷：天宇万达印刷有限公司
开　　本：670mm×950mm　1/16
印　　张：18
字　　数：162千字
版　　次：2024年11月第1版
印　　次：2024年11月第1次印刷
书　　号：ISBN 978-7-5546-2480-7
定　　价：99.00元（全3册）

前言

当老师提问时，孩子虽然抢着回答问题，却无法清晰地表达想法或所答非所问。

与同伴探讨问题时，孩子经常因为不能清晰地提问而错失深入讨论的机会。

在公共场合，面对突如其来的问题，孩子总是因为接话缺乏情商而尴尬收场。

与父母沟通时，孩子常常因为思维混乱而无法准确表达需求或情感，最后只能以哭泣或无理取闹的方式发泄。

…………

相信很多父母都在为孩子出现类似的情况而百思不得其解：为什么孩子说话总是没有条理，表达不清晰？其实，这是孩子缺乏逻辑表达力的典型表现。

逻辑表达力，是指孩子在沟通和表达时，能够清晰、有条理、合理地组织语言的能力。而逻辑表达力不足会让孩子用语言表达想法时力不从心，阻碍孩子与他人进行有效沟通，进而影响孩子的社交能力，甚至限制孩子思维的深度和广度。

这套《儿童逻辑表达力》正是为了帮助孩子培养逻辑表达这一关键能力而精心编写的，引导孩子在各种情境下，以清晰的逻辑、高情商的方式进行“说服”“提问”和“接话”。

本套书包括《像辩手一样说服》《像辩手一样提问》和《像辩手一样接话》，共三册。其中，每一册书又划分为校园篇、公共场合篇和日常生活篇，涵盖了孩子所能遇到的各种表达场景，并在不同情境下通过具体的对话场景导入，直奔主题，给出正、反面表达示范，并进行简要分析，让孩子明白表达的差异会收到不同的反馈，同时提供正确的表达技巧指导，帮助孩子逐步提升逻辑表达力。

培养逻辑表达力是一个长期的过程。我们希望这套书能够让每一个孩子都像辩手一样，能更加自信地表达自己的想法，更有效地与他人沟通，更深刻地理解复杂问题。让我们一起见证孩子们成为能够自如表达、善于沟通的新时代少年。

目录

校园篇

公共场合篇

日常生活篇

校园篇

01 课堂上因走神儿没听懂，如何向老师请教不被批评

低情商提问

小刚：老师，您讲得也太快了，我没听懂，您能再给我讲一遍吗？

老师：你是不是上课又走神儿了？怎么就你没听懂！

这样的提问是把责任归于对方，容易引起对方的反感，进而拒绝沟通。

高情商提问

小刚：老师，今天的课堂知识对我来说有些难度，我认真听了但依然不太懂，您能再给我讲一遍吗？

这样的提问是把责任主动归于自己，态度诚恳，容易获取对方的理解，让对方愿意再给你讲解。

高情商提问技巧指导

①选择合适的时间

可以选择在课后或课间休息时与老师交流，但要确保老师有时间。

示范：“老师，请问您现在有时间吗？”

②明确描述疑问

保持礼貌，向老师清楚地描述自己在课堂上没有听懂的地方。

示范：“老师，打扰一下，我不太明白这道题的第二步是如何推导出来的。”

③强调努力过

告诉老师自己做了哪些努力来尝试解决问题，比如请教同学，表明自己想要解决问题的决心。

示范：“我在课上仔细听讲了，刚才也问过同桌，但还是没弄懂。”

④请求具体帮助

明确提出自己的诉求，希望老师给自己再讲一遍，或者推荐一些练习题。

示范：“老师，您能再详细给我讲一遍吗？或者您能给我推荐一些类似的练习题吗？”

02 对老师的安排不满意，如何提出建议

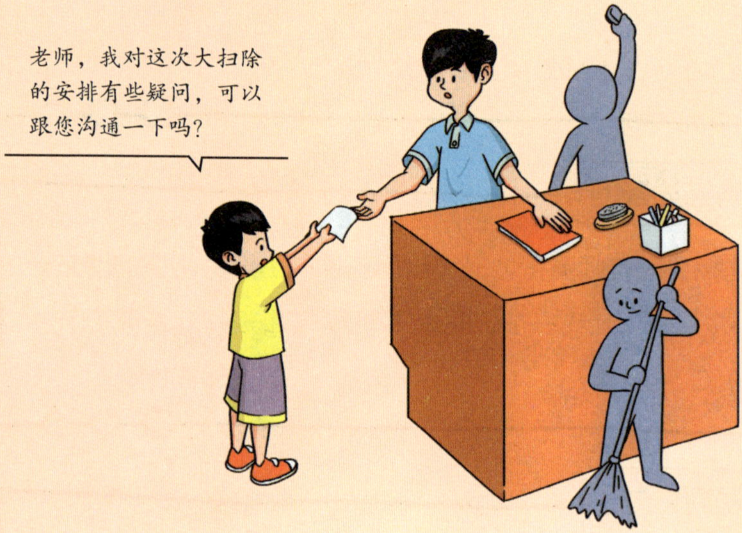

低情商提问

小刚：老师，您这个安排有些不太合理吧？

老师：我心里有数，你只管按照安排去做就行了！

这样的提问带有明显的指责，会让对方觉得不被尊重，从而不愿意听你说下去。

高情商提问

小刚：老师，我对刚才的安排有些疑问，可以到您的办公室聊一下吗？

这样的提问在有效表达疑问的同时，让对方感受到足够的尊重，有利于沟通的进行。

高情商提问技巧指导

①选择合适的时机和方式

要在老师方便的时间提出，并且选择一种合适的沟通方式，比如面对面等。

示范：“老师，您现在有时间吗？”

②礼貌地提出疑问和观点

要以礼貌的语言和尊重的态度，明确表达你对老师的安排存在的疑问。切勿指责老师安排欠妥。

示范：“老师，我对这次大扫除的安排有些疑问，想跟您沟通一下，可以吗？”

③清楚表述原因

进一步明确指出自己不理解的地方，并简单说明理由。

示范：“老师，我不太明白为什么要把小美和我安排在一组。您知道我俩前天才吵过架。”

④提出合理且可行的建议

不要只是停留在表达不满上，还要针对问题提出可行的解决方案。

示范：“老师，关于课程安排，是否可以增加一些实践环节？我认为这样能让大家更好地理解和应用所学的知识。”

03 向同学询问比赛名次，如何开口不招人讨厌

低情商提问

小美：你这次舞蹈大赛得了什么名次？

同学：关你什么事儿？我不想告诉你。

这样的提问过于直接，给对方一种你不怀好意或笑话他人的感觉，对方很可能会拒绝告诉你。

高情商提问

小美：听说这次舞蹈大赛竞争很激烈，你发挥得怎么样？

这样的提问聚焦于比赛竞争上，容易引起对方的共鸣，从而获得沟通的机会。

高情商提问技巧指导

①礼貌提问

用礼貌和友好的语气委婉询问，表明自己并无恶意。避免直接询问，否则容易给对方一种被命令的感觉。

示范：“嗨，不好意思，我想问一下你这次英语竞赛的成绩，可以吗？”

②表达关心

从关心的角度询问，以同理心拉近距离。避免带着看热闹的心态或语气询问，否则会让对方反感。

示范：“我感觉这次英语竞赛挺难的，你感觉怎么样？”

③尊重选择

成绩也是个人隐私，要尊重对方的决定。

示范：“如果你不想说，可以不告诉我，没关系的，我理解。”

④感谢对方

如果对方愿意分享成绩，要表示感谢。

示范：“谢谢你告诉我，你取得了这么好的成绩，真为你感到高兴。”

04 同学组成的团体，怎么询问加入

低情商提问

小刚：让我和你们一起玩，好不好？

同学：不可以，你不是我们的好朋友。

这样的提问没有让对方看到诚意，也没有表明加入理由，很容易遭到拒绝。

高情商提问

小刚：你好，我感觉你们的团队氛围很好。我对乐器也很感兴趣，我可以加入你们吗？

这样的提问既称赞了对方，也表达了自己的感受和兴趣，很容易赢得对方的信任和认可。

高情商提问技巧指导

①表达兴趣和意愿

直接而真诚地表达你对团体的兴趣，以及你想加入的愿望。

示范：“你好，我看到你们一起踢足球，踢得好开心啊！我也想加入，不知道是否可以？”

②展示共同兴趣

展示你和他们的共同兴趣，以及你加入后会给团体带来的好处，这会增加成功概率。

示范：“我觉得我们有很多共同的兴趣，我很期待加入你们。你们考虑一下好吗？”

③表示遵守规则

团体一般会有特定的规则或习惯，甚至是小秘密，表示你愿意遵守，让对方放心。

示范：“如果有内部规则，我愿意遵守。”

④表示尊重决定

尊重团体成员的共同决定，无论结果如何，都要保持礼貌和尊重。

示范：“你们可以商量一下，不论我是否能加入，都很开心能认识你们。”

05 身体不舒服，如何向老师请假

低情商提问

小美：老师，我身体不舒服，想请一天假，没问题吧？

老师：真的吗？哪里不舒服？

这样的提问没有表明具体的理由，会让老师觉得你请假就是为了逃课。

高情商提问

小美：老师，我肚子疼，还有点发烧，我想请假回家休息一下，可以吗？

这样的提问诚实且清晰地描述了身体出现的状况，容易得到老师的理解和批准。

高情商提问技巧指导

①清楚说明状况

私下找到老师，清楚地说明身体不适的具体症状，以便老师准确地判定你的紧急情况，当下做出决策。

示范：“老师，我刚才上英语课时突然感到剧烈腹痛，还不停冒冷汗，我感到非常难受。我可以请个假吗？”

②明确请假时间

说明你需要请假的时间，并说明理由。如果身体可以忍受，最好事先写个请假条，方便快速完成请假流程。

示范：“老师，我需要爸爸带我去医院做个检查，需要请假一天。可以吗？”

③提供诊断信息

及时向老师提供相关诊断信息，或医生建议的休息时间，这样可以增加请假原因的可信度。

示范：“老师，我因为感染了病毒，医生建议我休息三天，以免传染给其他同学。”

06 向同学借物品，如何开口不会被拒绝

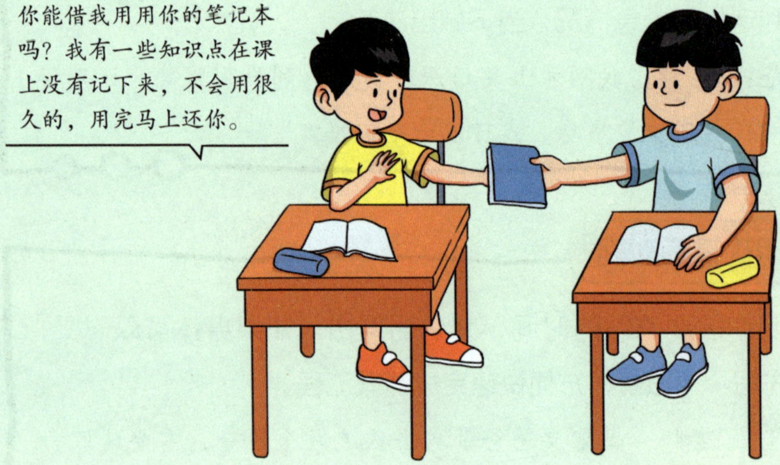

低情商提问

小刚：我笔记没记全，快借我看一下你的笔记本。

同学：你可真不客气。

这样的表述只是站在自己的角度，还略带有命令的语气，会引起对方的反感，从而被拒绝。

高情商提问

小刚：打扰一下，我有一部分笔记没记下来，等你方便的时候，可以借我看下你的笔记本吗？非常感谢。

这样的提问既表明了自己借笔记本的原因，也给出了合理的借用时间，容易获得对方的同意。

高情商提问技巧指导

①说明原因，提出诉求

在提出请求之前，最好先说明原因，并表达清楚带来的后果，引起对方的共情。

示范："我的圆规坏了，你能不能借我用一下你的？不然我就不能完成作业了。"

②保证归还，绝不损坏

表明将在何时归还物品，并且强调会小心使用，不造成任何损害，增加对方的信任感。

示范："我只需要借用 30 分钟，用完后一定会完好如初地还给你。"

③尊重对方的最终决定

如果对方最终拒绝了你，也不要指责对方小气，要表示理解。

示范："如果你不方便借也没关系，我理解每个人都有自己的想法。"

07 物品不见了，如何向同学询问

低情商提问

小美：你是不是偷拿了我的三角板？

同学：我才没有呢！谁稀罕你的东西。

这样的提问先入为主，带有指责的意思，会引起对方的愤怒和敌意，甚至争吵。

高情商提问

小美：看到有人不小心拿错了我的尺子吗？我今天上午第二节课还在用，但现在找不到了，如果能还给我就太感谢了！

这样的提问带有体谅的含义，可以让大家没有心理负担，从而获得大家的帮助。

高情商提问技巧指导

①礼貌说明情况

即使感到焦虑、沮丧，也要保持冷静和礼貌，用平和友好的语言说明物品不见了，希望得到大家的帮助。

示范：“很抱歉，打扰一下，我的粉色尺子不见了，我觉得可能是被谁误拿了。请大家帮忙留意一下，好吗？”

②详细描述物品

客观陈述要寻找的物品的具体信息，包括物品的名称、外观、颜色，以及最后看到它的时间、地点等。

示范：“我丢失的物品是一把蓝色的不锈钢尺子，我上数学课的时候还放在桌子上。有人留意到吗？”

③询问线索

如果你知道哪些同学可能在物品丢失的地点附近，可以特别询问他们。

示范：“小明，你坐在我后面，你有注意到我把尺子放哪儿，或看到谁拿了吗？”

④表达感谢

说明物品对你的重要性，并对提供帮助的人表达感激之情。

示范：“这把尺子对我很重要，是爸爸送我的生日礼物，如果有人看到了或者有任何线索，请告诉我一下，好吗？我会非常感激的。”

08 看到同学的不当行为，如何提出建议不影响感情

低情商提问

小刚：你怎么总是抖腿啊？害得我都没法专心写作业！

同学：我想抖就抖！你自己不专心，反而怪别人，哼！

这样的提问带有指责意味，而且“总是”一词把偶发行为上升到惯性行为，可能会让对方生气。

高情商提问

小刚：我发现你偶尔会忍不住抖腿，我知道这是下意识行为，但会打扰到别人写作业，所以你能不能稍微控制一下呢？

这样的提问既表达了自己的感受，也照顾了对方的面子，避免指责嫌疑，更容易促进双方沟通。

高情商提问技巧指导

①先肯定或赞美

在提出缺点之前先赞美优点，使对方更愿意接受批评和建议。

示范：“小美，每次你组织班会，效率都很高，你是怎么做到的？”

②温和地提出不当之处

提出不当之处时要考虑对方的感受，用温和的语气提出，更容易让对方接受，避免冲突。

示范：“在分享想法时，如果你能先耐心倾听别人的意见，然后再提出你的观点，效果会更好。这样其他人的参与感也会提升。”

③描述行为而非人格

指出缺点要对事不对人，切忌上升到人格攻击。

示范：“你在小组讨论时打断了别人的发言。我觉得这会让发言者感到不舒服，你觉得呢？”

④鼓励和支持改进

再次强调对方的优势、潜力，鼓励和支持对方以后改进，并给予信心。

示范：“我相信，只要你改掉这个小小的发言习惯，大家会更加佩服你。你会考虑我的建议吗？”

09 身为班干部，如何向同学征询意见

低情商提问

小刚：班级活动不能靠我一个人啊，你们就没什么想法吗？

同学：没有想法。

这样的提问带有指责的意味，不仅不能刺激大家积极献策，反而容易引起大家的反感，导致大家更加不配合。

高情商提问

小刚：大家好，为了确保即将举办的班级活动能够满足大家的期望，我想听听大家的意见。你们有哪些好的想法或建议吗？

这样的提问可以有效地收集同学们的意见，并将这些意见转化为实际行动，从而提升班级的凝聚力。

高情商提问技巧指导

①说明征询目的

让大家知道征询是为了集体利益，他们会觉得自己的发言更有价值。

示范：“为了咱们班在下周的比赛中取得胜利，大家有什么想法和建议吗？”

②提出具体问题

提出具体明确的问题，以便同学们能够针对问题给出具体的意见和建议。

示范：“大家参赛的曲目都一样，如果不能在演唱形式上做到创新，就很难脱颖而出。大家有什么好的点子吗？”

③鼓励积极发言

鼓励从多个角度考虑问题，并找到更好的解决方案。

示范：“每位同学的意见和建议都很重要，希望大家能积极参与讨论。”

10 想让同桌到家里玩，如何发出邀请

低情商提问

小美：周末来我家玩怎么样？

同学：我可能没有时间……

这样的邀请没有说明具体时间和活动内容，可能会让同学难以立即做出决定。

高情商提问

小美：你周六下午有空吗？我想邀请你来我家玩。妈妈给我买了一个新玩具，我们可以一起玩。

这样的邀请说清楚了具体时间，且有具体的内容，很容易引起对方的兴趣。

高情商提问技巧指导

①真诚地发出邀请

直接而真诚地发出你的邀请，最好用交情来拉近彼此间的距离。

示范：“嘿，我觉得我们俩在一起玩得很开心，这个周末来我家玩怎么样？我可以带你看看我的收藏，我们还可以一起玩游戏。”

②询问对方的时间安排

询问对方是否有其他计划，表现出你对对方的尊重。

示范：“你周六下午有空吗？还是你有其他的安排？”

③保持礼貌和友好

即使对方拒绝，也要保持轻松和友好的态度，毕竟每个人都有自己的时间安排。

示范：“你不太方便啊？没问题，下次我们有机会再约。”

11 看到同学伤心，怎么安慰

低情商提问

小刚：发生什么大不了的事了，至于伤心成这样？

同学：走开！

这样的提问会让对方感到自己的情绪不被理解，还会让对方误以为你在看热闹，从而拒绝沟通。

高情商提问

小刚：我看你今天好像有点儿不开心，发生了什么事？如果你愿意，可以跟我说说，我希望我能帮到你。

这样的提问既表达了关心，又表示可以提供帮助，让对方感到你不是在打探隐私，而是真心帮他，从而愿意向你倾诉。

高情商提问技巧指导

①表示关心，询问情况

找一个安静的环境，用温和、关心的语气开启对话，避免让对方陷入尴尬局面。

示范：“我注意到你这几天情绪都不好，你愿意和我说说吗？”

②耐心倾听，表达共情

如果对方愿意分享，给予耐心倾听。不要急于给出建议或打断他的话，适当表达你的理解和同情即可。

示范：“那对你来说一定很困难吧？我会支持你的。”

③表达感受，提供帮助

询问对方是否需要帮助，或者你可以做点什么来减轻他的负担。

示范：“那我可以帮你做些什么吗？尽管开口，我随时都在。”

④尊重对方的隐私

如果对方不愿意分享，不要强迫，表示你可以随时听他分享。

示范：“如果你现在不想说，我理解。但如果你改变主意，可以随时找我。”

12 与内向的同学交流，怎么让对方不紧张

低情商提问

小美：其他人都谈完自己的看法了，你是怎么想的？

同学：我……没想法……

这样的提问是当众询问，会让本就内向的对方更加不自在，更不愿意表达自己的想法。

高情商提问

小美：在刚才的小组讨论中，我发现你几次欲言又止，你愿意和我单独讨论吗？

这样的提问既照顾了对方的感受，避免让对方紧张，也表明自己愿意倾听他的想法，促进更深层次的交流。

高情商提问技巧指导

①简单开场白

内向的同学不太擅长主动开启对话，可以先用一些简单的话题来引导对方开口，如天气、课程、兴趣爱好等。

示范：“嗨，我注意到你最近在看《哈利·波特》，我只看了一本，你能和我分享一些后面的故事吗？”

②寻找共同点

逐渐找出你们的共同兴趣或经历，这样更容易让交流继续下去。

示范：“哇，你也喜欢海德薇呀？但是它最后还是死了。我看得可难受了。”

③引导性提问

双方开始自在沟通后，可以适时发出提问，进而引导对方继续这个话题。

示范：“我想问你一个问题：在你心中，小精灵多比长什么样？”

④注意身体语言和反应

如果对方看起来不太愿意交谈了，可以礼貌地结束对话，并告诉对方随时欢迎他来和你聊天。

示范：“我们今天就先聊到这里吧。如果你之后有任何想聊的或者需要帮助的地方，随时都可以来找我。”

13 被同学误会，怎么消除隔阂

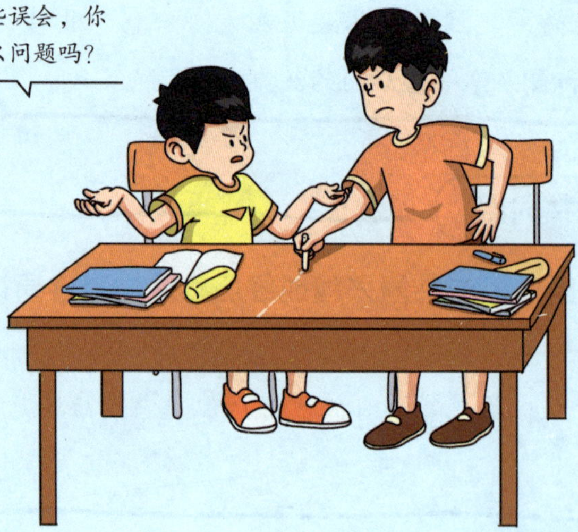

低情商提问

小刚：你是对我有什么意见吗？为什么总和我过不去？

同学：没有啊，我哪敢和你过不去呀。

这样的提问带有指责的语气，给对方一种对峙、被攻击的感觉，更容易激化双方矛盾。

高情商提问

小刚：我感觉我们之间似乎有些误会，可以找个地方聊一聊吗？

这样的提问诚恳地表达自己的想法，以及希望消除误会的意愿，有益于双方继续沟通。

高情商提问技巧指导

①保持冷静，询问原因

确保自己情绪稳定，然后直接向对方表达你的感受，询问造成误会的具体原因，表明自己想要消除误会的决心。

示范：“我感觉你可能对我有一些误会，这让我感到很难过。我们能好好聊聊吗？”

②认真倾听，确认理解

给予对方充分表达看法和感受的机会，在倾听中总结对方的观点，并确认你理解正确。

示范：“我想听听你的看法，我们可以坐下来谈谈吗？”

③表述想法，提出澄清

在对方说完后，清晰地阐述自己当时的感受和想法，以消除误会。

示范：“你愿意听我澄清一下吗？我真的没有那个意思，我当时的真实想法是……”

④寻求共识，解决问题

一起寻找解决问题的方案，并达成共识，有助于消除隔阂，恢复双方友好关系。

示范：“我觉得我们可以商量一个双方都能接受的解决方案，你有什么想法吗？”

14 好朋友吵架了，怎么缓和双方关系

低情商提问

小美：你和小刚吵架了？

同学：这是我们俩的事儿，你少掺和！

这样的提问带有打探意味，给人一种“你在看笑话”的感受，对方只会更反感，从而不愿沟通。

高情商提问

小美：我注意到最近你和小刚之间好像有点儿不对劲，你们俩都是我的好朋友，我很担心，能告诉我发生了什么事吗？或者有什么我可以帮忙的吗？

这样的提问表达了自己的关心，展现了共情，让对方感到你是真心想帮忙的，从而愿意说出详情。

高情商提问技巧指导

①私下单独询问

避免在公共场合询问，导致对方尴尬，从而情绪激化。询问时要展示出自己的关心。

示范："嗨，我注意到最近你和小美之间好像有点儿不对劲，我很担心，能告诉我发生了什么事吗？"

②表达共情

展现出你对朋友吵架后的复杂心情表示理解，引导对方说出自己的真实感受。

示范："你还好吗？我知道朋友之间吵架很痛苦，尤其是和关系非常好的朋友。"

③保持中立

不偏向任何一方，并在不侵犯他们隐私的前提下，尽力帮助他们恢复关系。

示范："在这件事上，我不偏向任何一方，只希望你们能心平气和地沟通，解决问题。"

④引导和解

等对方情绪发泄得差不多了，引导和鼓励双方面对面沟通，尽快化解矛盾。

示范："我建议你们找个时间坐下来，冷静地谈一谈。我相信你们能够找到解决问题的方法。"

公共场合篇

01 想和伙伴一起踢足球，怎么提出请求

我看到你们经常一起踢足球，我也很喜欢踢球，我可以加入你们吗？

低情商提问

小刚：你们踢得也不好呀！我踢得可好了，要不我和你们一起踢吧？

同学：我们不需要新成员。

这样的提问不仅缺乏礼貌，而且直接否定他人，让对方觉得不被尊重，就算你踢得再好，对方也会拒绝让你加入。

高情商提问

小刚：哇，你们踢得真好！我非常喜欢踢足球，希望能和你们一起训练和比赛。请问我可以加入你们吗？

这样的提问表达了想要加入的意愿，也展现了自己对他人的尊重和礼貌，有助于建立良好的第一印象，增加被接受的概率。

高情商提问技巧指导

①先观察再提出请求

在正式提出请求之前，观察谁是团队的负责人或者其中比较好说话的成员，简单沟通后，再礼貌地提出请求。

示范："你好，我看你们经常在这里踢球，我想问问：我可以加入你们吗？"

②表达诚意，展示技能

表示自己有一定的足球基础，热爱足球，或是希望提高足球技能，最好能现场展示一下自己的技能。

示范："我在足球队训练过一段时间，我想我能为你们的队伍增添一些力量，请问我有这个荣幸吗？"

③灵活应变，退而求次

如果对方表示目前没有空位或者不接受新成员，可以退而求其次，询问是否可以在人手不足时作为替补参与，继续争取机会。

示范："我完全理解，但我很希望将来有机会加入。"

④尊重决定，感谢回应

无论结果如何，都要尊重他们的决定，应该表示礼貌和感谢。

示范："没关系，不过还是非常感谢，希望将来有机会能和你们一起玩。"

02 想让伙伴一起打篮球，怎么发出邀请

低情商提问

小刚：下周我们打篮球赛，你来做个替补，没问题吧？

同学：不了，不了，我下周没空。

这样的提问更像是单方面的命令，给对方一种不被尊重的感觉，他很可能会找借口拒绝。

高情商提问

小刚：嗨，我们决定打一场友谊赛放松一下，大家一下子就想到你，让我来问问你有时间参加吗。

这样的提问表明了邀请的目的，也给足了对方面子，很容易赢得对方的欢心与支持。

高情商提问技巧指导

①搭讪开场

在提出请求之前，和对方寒暄几句，制造轻松、愉快的沟通氛围。

示范：“嗨，最近怎么样？我记得你说过你喜欢打篮球，对吧？”

②提出邀请

顺水推舟地发出正式邀请，并说明为什么要发出这样的邀请。

示范：“本周末我们准备打一场友谊赛，目前还缺一个人，不知道你有没有兴趣参加？”

③确认时间

给出具体的时间、地点和其他相关信息，进一步确认对方可以参加。

示范：“这周六下午3点，在第二俱乐部的篮球场，你可以来吗？”

④表示感谢

不管结果怎样，都要表示礼貌和感谢。

示范：“没关系。我们下次有时间再一起打。”

03 想让司机提醒下车站点，怎么提出诉求

低情商提问

小美：师傅，到前面实验小学的时候喊我一下，行吗？

司机：自己注意听报站。

这样的提问没有礼貌，也没有说清理由，让对方觉得你在增加他的工作负担，他很可能会拒绝。

高情商提问

小美：打扰一下，司机叔叔！我第一次坐这趟车，对这条线路不熟悉，我要到实验小学，能麻烦您到站的时候提醒我一下吗？谢谢您！

这样的提问有礼貌，表达清楚了自己的需求，让对方觉得你确实有困难，从而愿意在力所能及的范围内提供帮助。

高情商提问技巧指导

①礼貌提出请求

上车后，礼貌地向司机打招呼并告知你要去的地点，发出请求并表达感激之情。

示范：“您好，叔叔，我要去 ×× 小学，能麻烦您在该下车时提醒我一下吗？非常感谢！”

②说明原因

简单说明需要提醒的原因，如对路线不熟等，可以增加司机的理解和配合。

示范：“我对这条路线不太熟悉，怕坐过站，所以想请您到 ×× 站时提醒我。”

③耐心确认细节

问清楚乘车所需的大致时间，心里有所准备，以免师傅忘记了，错过了下车时间。

示范：“叔叔，从现在起大约还有多久能到达那个站点呢？这样我可以有个大致的时间概念。”

04 穿了新裙子，怎么向身边人询问是否好看

低情商提问

小美：我这条裙子也太漂亮了吧，你是不是也这样觉得呢？

同学：还好吧。

这样的提问先入为主，让对方觉得你只是在显摆，对方可能会忍不住泼你冷水或者很敷衍地回复你。

高情商提问

小美：嗨，我刚买了一条新裙子，我一直觉得你的审美比我的好，很想听听你的真实看法，你觉得这条裙子适合我吗？

这样的提问表达了自己对对方意见的重视，态度真诚，能够让对方说出真实看法。

高情商提问技巧指导

①自述开场，征询意见

大方展示自己的新裙子，表明自己很喜欢它，但又不确定是否真的好看，进而提出询问。

示范：“嗨，我最近买的一条新裙子，感觉挺特别的，就是一直不太敢穿，你们觉得适合我吗？”

②表达诚意，鼓励反馈

表示自己很想听到真实评价，无论评价正面与否，都愿意接受，让对方消除顾虑，畅所欲言。

示范：“你们觉得这条裙子怎么样？我真的很想知道你们的真实想法，毕竟你们的意见对我来说很重要。不管是好是坏，我都愿意接受。”

③表达感激，顺便赞美

在接收反馈后，表示衷心感激，趁机夸赞对方，让对方有成就感。

示范：“真的吗？谢谢你的反馈，我一直都觉得你的品位很高呢！”

05 对商品性能不清楚，如何让售货员解答疑问

低情商提问

小刚：喂，你怎么不给我详细讲解一下这个商品呢？

销售员：产品都有详细说明书哦。

这样的提问带有个人情绪，给对方一种被命令且不被尊重的感觉，她很可能会拒绝沟通。

高情商提问

小刚：阿姨，您好，我发现您一直在忙，但是我对这个产品的性能真的弄不明白，您能给我详细讲解一下吗？非常感谢。

这样的提问表达了自己的需求和感受，也表达了对对方工作的理解与尊重，比较容易获得对方的帮助。

高情商提问技巧指导

①清楚表明需求

直接向售货员说明你对商品的兴趣以及你想要了解的具体性能。

示范："阿姨，您好，我对这款产品的性能还不太了解，您能帮我详细介绍一下吗？"

②提出自己的困惑

如果有特定的问题或者关注的性能点，可以直接提出来。

示范："阿姨，我想知道这款和另一款相比，性能上有什么不同吗？"

③请求现场演示

如果听不太明白或者听明白了但还有疑问，请求售货员现场演示商品的使用方法或者展示一下性能特点。

示范："谢谢阿姨，我大致听懂了，但对具体操作还是有些不清楚，能麻烦您演示一下这款学习机的特别功能是如何使用的吗？"

06 商场里找不到厕所，怎么开口问询

低情商提问

小刚：厕所在哪儿？这么大的商场，厕所怎么这么少？

工作人员：有指示牌，可以顺着指示牌走。

这样的提问充满了命令和质问，会让对方觉得不被尊重，进而拒绝指路或者回复态度不友善。

高情商提问

小刚：您好，打扰一下，我对这个商场不太熟悉，您能告诉我最近的厕所在哪里吗？非常感谢您的帮助！

这样的提问表达了自己的需求与理由，并展示出了礼貌，给人良好的印象，对方会更愿意且友善地提供帮助。

高情商提问技巧指导

①寻找工作人员，礼貌询问

找到商场的咨询台或者穿着制服的工作人员，然后礼貌地询问情况。

示范：“您好，打扰一下，我有点儿迷路了，您能告诉我厕所在哪里吗？”

②耐心倾听，询问地标

如果对方告诉了你洗手间的方向，可以进一步确认附近有什么地标，是否需要上下电梯，等等，方便准确找到。

示范：“不好意思，我怕找不到，您能告诉我附近有什么明显的标志或店铺吗？”

③重复指引，感谢帮助

让对方重复一遍，或者自己复述一遍，确定无误后，对对方提供的帮助表示感谢。

示范：“……是这样走对吗？非常感谢！”

07 催促服务员快点上菜，怎么提出诉求

低情商提问

小美：喂，能不能快点上菜啊？我们都等半天了。

服务员：那没办法，这个时间点用餐的人比较多。

这样的提问没有礼貌，还带有指责和命令的情绪，会令对方反感，进而找借口拒绝或敷衍回复。

高情商提问

小美：阿姨，您好，我知道这个时间点用餐的人多，但我们有事需要赶时间，方便的话，能否帮忙催下后厨？给您添麻烦了。

这样的提问语气平和、礼貌，在乎对方的感受，服务员很可能会积极满足你提出的需求。

高情商提问技巧指导

①礼貌而坚定地表达需求

等待服务员经过自己的桌边或者用礼貌的方式招呼他们，并礼貌而坚定地提出需求。

示范：“您好，我们已经等了很久，方便帮我们催一下厨房吗？”

②表达理解，说明情况

表示对厨师和服务员工作的理解，并进一步解释自己为什么要催促。

示范：“我们也理解厨师可能很忙，但我们要赶时间，能不能帮我们催一下订单？”

③表达感谢

在提出请求后对对方表示感谢，以此展示礼貌和对服务员工作的尊重。

示范：“非常感谢您的帮助，我们真的赶时间。”

08 电影开始了，怎么向他人提出借过

低情商提问

小刚：我要去找我的座位，让一下好吗？

陌生人：你这样很影响我们看电影，为什么不早点来？

这样的提问带有理所当然的意味，不尊重对方的感受，你很可能会因为态度问题而遭到拒绝。

高情商提问

小刚：不好意思，打扰一下，我的座位在里面，能麻烦您让一下吗？我尽快通过，尽量不影响您观影。非常抱歉！谢谢理解！

这样的提问展示出足够的礼貌和耐心，大多数人在这种情况下都会理解并愿意帮助的。

高情商提问技巧指导

①表明诉求，礼貌请求

言简意赅地提出自己的请求，以减少对其他观众的干扰。

示范：“对不起，我的座位在前面，可以让我过一下吗？谢谢。”

②表达感谢，快速通过

如果不方便经过，需要对方提供方便，在提出需求的时候，要强调自己是为了不过多打搅大家，且会快速通过。

示范：“您好，我的座位在前面，可以麻烦您站起来让我通过一下吗？我会快点过去，谢谢您的理解。”

09 探望病人，怎么安慰不会冒犯到对方

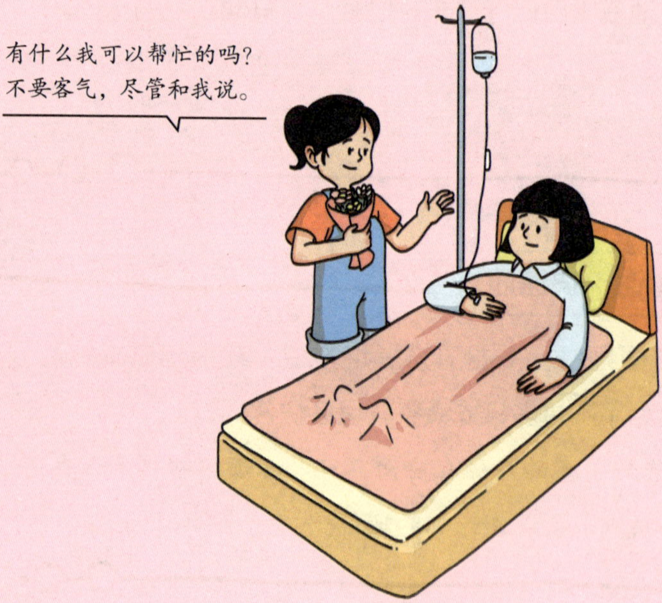

低情商提问

小美：你看起来脸色很差，这个病是不是很严重啊？

病人：唉……

这样的提问无异于在患者的伤口上撒盐，负面语言会让病人感到不安或焦虑。

高情商提问

小美：看你状态还不错，感觉怎么样？现在医疗水平都很高，一定很快就会好起来的。

这样的提问提供支持和鼓励，既表达了关心，又营造了一个轻松愉快的聊天环境，会让病人感到舒心。

高情商提问技巧指导

①关注病人情绪，从问候和关心切入

观察病人的面部表情和身体语言，先表达问候和关心，再询问病情，让病人感受到温暖。

示范：“我看你精神状态还不错，恢复得是不是很不错啊？”

②尊重隐私，避开敏感话题

如果病人愿意分享病情细节，他们会主动告诉你。如果没有，不要追问具体的医疗细节，可以将话题转向日常轻松的话题。

示范：“听说最近上映的 ×× 电影很好看，你抓紧好起来，咱们一起去看，好吗？”

③保持乐观，积极鼓励

如果病人情绪比较低落，要适时鼓励安慰。

示范：“生病都是很难受的，但我相信凭借你的毅力和正能量，你一定会很快好起来的。

10 和大人走散了，怎么寻求帮助

低情商提问

小刚：我找不到爸爸，你得带着我去找爸爸。

工作人员：你在这等会儿，说不定他马上就过来了。

这样的提问不仅没有礼貌，而且没有表达出紧急情况，可能不会引起对方的重视。

高情商提问

小刚：阿姨，您好！我刚才和爸爸一起买衣服，他出去接了个电话，我就找不到他了。他叫 ×××，您能帮忙广播找下他吗？

这样的提问表达清楚了事情原委，也明确提出了请求，还提供了具体的寻人信息，有助于工作人员提供帮助。

高情商提问技巧指导

①寻找帮助，告知情况

前往商场的服务台或寻找保安人员，要清楚地告诉工作人员你和大人走散了。

示范：“叔叔，您好！我和我的家人走散了，您能帮帮我吗？”

②提供信息，请求广播寻人

请求工作人员通过商场的公共广播系统帮忙寻找走散的大人，告诉工作人员你的名字、你和大人最后一次在一起的位置。

示范：“叔叔，我叫小刚。我和爸爸在 ××× 走散了。可以请您帮忙广播一下吗？”

③等待通知，表达感激

在工作人员帮助寻找的同时，不要随意离开服务台或保安的视线范围，并对工作人员表示感谢。

示范：“叔叔，我就在这里等爸爸，好吗？我保证不会乱跑，谢谢您！”

11 丢了东西，怎么寻求帮助

低情商提问

小美：我的贵重物品在你们景区丢了，赶紧给我广播找一下。

工作人员：稍等一下，不过你不要抱太大希望。

这样的提问带有问责的意思，而且给对方一种没礼貌的印象，对方很可能不会真心帮助。

高情商提问

小美：不好意思，打扰您了。我在景区丢了物品，现在需要您帮助我广播一下，请问我需要提供什么信息？谢谢您了！

这样的提问不仅礼貌地表达了请求，还表明愿意配合，对方会更愿意提供帮助。

高情商提问技巧指导

①保持冷静，寻求帮助

找到景区内的广播站或者服务中心，向工作人员说明情况，并提出广播请求。

示范：“您好，我在参观展览馆时不小心丢了我的钱包，您能帮我广播一下吗？”

②描述丢失物品的特征

包括丢失物品的颜色、大小、形状、品牌等明显特征。如果物品有特殊标记，如贴纸、刻字等，也应当提及。如果可能，提供物品的购买凭证或照片，以便于辨认。

示范：“我丢失的是一个黑色钱包，里面有我的身份证，钱包上面还有我名字的拼音缩写XG。”

③请求紧急处理

说明物品对自己的重要性，主动询问紧急广播流程，表明自己愿意配合。

示范：“我晚上七点的火车，需要用到身份证，拜托您能紧急处理一下吗？万分感谢！”

12 有急事需要插队，怎么提出诉求易获得大家谅解

低情商提问

小刚：我有急事需要插个队，我看你也不是很着急的样子，就让我排你前面吧？

陌生人：不行，大家都排队呢！

这样的提问不仅没有礼貌，也不尊重对方，会引起对方的不满，从而拒绝你的请求。

高情商提问

小刚：您好，不好意思，我奶奶突然生病了，我现在需要赶紧坐车回去看她。您能让我插个队吗？非常感谢！

这样的提问说明了插队的理由，并清晰描述紧急状况，态度诚恳、有礼貌，一般人都会体谅并愿意提供帮助。

高情商提问技巧指导

①说明紧急情况

保持冷静和镇定，清晰、简洁地说明紧急情况，并表明需要插队的请求。

示范："电影马上开始了，我还没有取票，可以请您帮忙，让我插个队吗？"

②提供信息证明

提供一些关于紧急情况的证据，有助于对方更理解你的处境。

示范："您看，这是我的购票信息，希望您能理解。非常感谢您！"

③倾听他人反馈

如果对方表示同意，但后面的人表示不同意插队，则需要耐心倾听他们的理由，真诚致歉。

示范："我知道这可能会给大家带来不便，非常抱歉！"

13 迷路了，如何向陌生人问路易获得帮助

低情商提问

小美：喂，你知道××餐厅怎么走吗？赶紧告诉我。

路人：我也不清楚，你再问问别人吧。

这样的提问不仅没有礼貌，还带有命令的语气，会引起对方的反感，即使对方知道，也可能不愿意为你指路。

高情商提问

小美：阿姨，打扰一下！我想去农业路88号的××餐厅，您能告诉我怎么走吗？非常感谢！

这样的提问清晰表达了需求，提供了有效信息，且表现礼貌，对方会乐意提供帮助。

高情商提问技巧指导

①清晰表达需求

寻找看起来友好、不太忙碌的陌生人，简洁明了地说明自己的需求，同时注意礼貌用语。

示范：“您好，打扰一下！请问您知道怎么去 ×× 动物园吗？”

②仔细倾听并再次确认

当对方告知路线时，要仔细倾听，并在对方告知后，简要重复以确认是否理解正确。

示范：“所以，我应该沿着这条街直走，然后左转，对吗？”

③再次表达感谢

确认路线后，要再次表达感谢。

示范：“好的，我知道了。真是太感谢您了！”

日常生活篇

01 父母吵架了，怎么调节双方矛盾

✕ 低情商提问

小刚：你怎么又跟妈妈吵架了？
爸爸：大人的事儿，小孩少掺和！

这样的提问带有责怪的意思，给对方一种“你站在他对立面”的感受，对方可能会拒绝沟通。

✓ 高情商提问

小刚：你们都是我最爱的人，看到你们吵架，我很难过，也很害怕。我们一家人能不能坐在一起，好好谈谈？

这样的提问既表达了自己的感受，强调父母对自己的重要性，也强调了家人之间的爱，更容易促进双方沟通。

高情商提问技巧指导

①表达关心，询问原因

通过表达对父母关系的关心，强调自己对父母双方的爱，询问父母吵架的原因。

示范："爸爸妈妈，无论发生什么，我都是爱你们的，可以跟我说说你们吵架的原因吗？"

②大局为重，强调沟通

强调沟通的重要性，让他们意识到吵架只会危害家庭成员之间的感情。

示范："爸爸妈妈，吵架不仅不能解决问题，反而会让我们产生隔阂。沟通很重要，你们坐下来好好谈谈，可以吗？"

③表达感受，以情动人

表达自己的感受，让父母因为自己做出改变和让步。

示范："你们吵架时，我真的很害怕。你们能告诉我，我需要怎么做才能让你们和好吗？"

02 爸爸心情很差，怎么安慰能让他心情好起来

低情商提问

小刚：爸爸，您怎么又不开心了？您为什么总是这样？

爸爸：你还管起我来了。

这样的提问虽然出于关心，但充满了责怪，会让对方的心情更差，容易引发争吵。

高情商提问

小刚：爸爸，我看你今天心情不好，我们一起出去散散步，聊聊天，怎么样？

这样的提问用平和的语气和态度表达关心，会让对方的不良情绪得到缓解，从而愿意分享自己的感受。

高情商提问技巧指导

①直接而温柔地询问

适用于双方比较亲近的情况。平时保持着亲密的沟通，发现问题后就可以温柔地直接询问。

示范：“爸爸，我看得出您心情不太好，是发生了什么事吗？您愿意和我聊聊吗？”

②表达理解，给予空间

适用于对方不喜欢倾诉的情况。发现问题后，表达自己关心的同时，不要逼迫对方，给他压迫感。

示范：“爸爸，我永远都会支持您。如果有什么烦心事，我或许帮不上忙，但我很乐意做您的听众。”

③提供实际的帮助

适用于对方的烦恼是家庭事务，孩子可以参与的情况。

示范：“妈妈，我也是家里的一分子，家里的事情，有什么是我能做的吗？”

④用肢体语言表达关心

一个拥抱或者一个轻拍肩膀的动作，有时比任何言语都更有安慰效果。

03 假期旅游，怎么向妈妈表达自己的期待

低情商提问

小美：妈妈，暑假我要去旅游，您能带我出去旅游吗？

妈妈：你这孩子！

这样的提问充满了命令和偏执，没有考虑到对方的感受和意见，会让对方感到被强迫。

高情商提问

小美：妈妈，咱们好久没一起出去旅游了。如果暑假您有时间的话，我们一起出去玩一趟，怎么样？

这样的提问既表达了对妈妈的理解，又表达了对暑假旅游的期待。

高情商提问技巧指导

①提出具体想法，降低决策难度

这不是泛泛而谈，而是提出具体的旅游地点或活动建议，让妈妈更直观地了解你的想法，也方便她做出决策。

示范："妈妈，我一直很想去云南大理看看，那里有我喜欢的景点和美食！我们暑假去那边旅游怎么样？"

②赋予意义，强调必要性

强调暑假出去玩的意义，给妈妈充分的理由，有利于取得妈妈的同意。

示范："妈妈，我觉得我们可以利用这次暑假，组织一次家庭旅游。这样既可以放松身心，还可以增进我们之间的感情。您觉得如何？"

③回忆过去，唤起美好向往

可以提及之前的旅行经历，勾起妈妈对旅行的美好回忆，以及对再次旅行的向往。

示范："妈妈，您还记得我们上次去成都旅行吗？真的很开心。我在想今年暑假，我们是不是也可以计划一次类似的旅行？"

04 我想玩会儿游戏，怎么提出能获得妈妈同意

低情商提问

小美：妈妈，别人都在玩手机，为什么我不能玩手机？

妈妈：别人？别人能考 100 分，你怎么不行？

这种提问试图通过比较来为自己争取权益，只会激化矛盾，不能达到预期效果。

高情商提问

小美：妈妈，我已经完成了所有作业，想玩半小时的游戏，之后再读会儿书就睡觉，可以吗？

这种提问不仅展示了你对时间的管理能力，还给了妈妈一个明确的理由来同意你的请求。

高情商提问技巧指导

①选择沟通的好时机

找一个妈妈不太忙碌、心情较好的时候来提出请求，她会更容易同意你的要求。

②表现责任感

积极完成家庭作业、参与家务等，表现自己的责任感，妈妈可能会更容易同意你的请求。

示范：“妈妈，我今天的学习任务都完成了，能不能让我玩一会儿游戏放松一下呢？”

③做出承诺，严格遵守

让妈妈知晓你玩的具体游戏和时间安排，并做出承诺，表示自己不会沉迷。

示范：“妈妈，我知道玩手机要适度，我保证只玩半小时。您能让我玩一下吗？”

④表达理解，互相尊重

真诚地表示你对妈妈的理解和尊重，并耐心赢得妈妈的理解和尊重。

示范：“妈妈，我知道您担心玩手机会影响我的学习和健康，但请您相信我，我会控制好自己的时间和心态，能让我玩一小会儿吗？”

05 弟弟弄坏我的东西，怎么询问能避免弟弟撒谎

低情商提问

小刚：我的钢笔怎么坏了？是不是你干的？

弟弟：不是我！

这种提问只会让弟弟感到被指责、被威胁，弟弟感到害怕、委屈时就会选择回避问题或撒谎。

高情商提问

小刚：我发现我的钢笔不太好用了，你知道是怎么回事吗？如果是你不小心摔的，也没关系，我们可以一起想办法解决。

弟弟：对不起，哥哥。

这样的提问让谈话在一个轻松、没有威胁的环境中进行，可以让弟弟放下防备，主动承认错误。

高情商提问技巧指导

①开放式提问，避免直接指责

开放式提问更容易让弟弟分享他所知道的信息。一定避免提出“是不是你做的”这样的问题，会引起弟弟的戒备心，从而说谎。

示范：“我的钢笔坏了，你知道这是怎么回事吗？”

②强调诚实的重要性，鼓励承担责任

向弟弟强调诚实的重要性以及撒谎可能带来的后果，当然这些后果必须是合理的，再鼓励他为自己的行为承担后果。

示范：“撒谎会让你失去他人的信任，所以诚实很重要。如果是你不小心弄坏的，没关系，我们可以一起想想办法修好它。”

③给予空间，切勿强迫

如果弟弟犹豫或不愿意回答，不要强迫他回答，给他一些时间思考，并表达你愿意等他分享。

示范：“你可能需要时间想想到底该怎么说。我现在出门一趟，晚上我回来的时候，你再跟我说，好吗？”

④具体情况具体分析

每个孩子的性格是不同的，你需要根据弟弟的个性和你们之间的关系来调整方法。最重要的是，保持耐心和开放的心态，尝试理解他的立场和感受。

06 妈妈对我的期望太高，怎么沟通能让妈妈降低期望

低情商提问

妈妈：妈妈相信你一定能考一个非常好的成绩。

小美：您能不能别老是对我抱有那么大的期望？

这样的提问显得有些不耐烦，会让妈妈觉得自己的关心和支持没有被接受，会让妈妈伤心或对你产生误解。

高情商提问

小美：妈妈，我知道您对我过高的期望都是出于爱，但我更希望您能看到我的努力。请相信我，给我多一点信任、多一点时间，好不好？

这样的提问强调了你的感受和需求，以及对妈妈的理解和尊重，有助于减少冲突，促进有效沟通。

高情商提问技巧指导

①表达感激和尊重

首先，感谢妈妈的关心和支持，让她知道她的爱对你很重要。然后，表达你对她的尊重和感激，有助于营造良好的沟通氛围。

示范：“妈妈，我非常感激您对我的关心和支持，但您对我过高的期望让我很有压力，我们是否可以找一个更适合我的成长目标？”

②阐述原因，表达感受

用具体的例子来说明你感到压力的原因，并诚实表达自己的感受，尽量用“我”来表述。

示范：“妈妈，我在考试时，一想到考不好您会对我失望，就紧张得手心出汗，会做的题也做错了。我真不知道该怎么做了，您能帮帮我吗？”

③表明计划，获得认可

强调你对自己的期望和规划，并承诺会尽自己最大的努力去实现。

示范：“我准备每天加练一张口算题卡，争取做到基础题不丢分。我会努力一步步提升的，希望您给我一些时间，好吗？”

07 奶奶买了三无保健品，怎么询问能让奶奶停止上当

低情商提问

小刚：奶奶，这些保健品都是骗人的，您不知道吗？

奶奶：你别瞎说！

这样的提问不仅没有给出具体的证据，还暗示了奶奶的判断力有问题，容易引起她的反感。

高情商提问

小刚：奶奶，我看新闻说，有老人吃了三无保健品后中毒住院了，您买的这个是三无产品吗？我们一起来查一下吧。

这样的提问通过真实的新闻报道让奶奶了解问题的严重性，再耐心引导她选择更安全的购买渠道。这种沟通更容易让奶奶接受。

高情商提问技巧指导

①解释三无产品，理解行为背后的原因

奶奶买三无保健品，一是怕花钱，二是怕生病给家里添麻烦。要对奶奶的这种心情表示理解，再有针对性地沟通。

示范："我知道您买这些保健品是希望身体健康，不给家里添麻烦，但万一这些三无产品对身体有害，那可就得不偿失了。"

② 结合真实案例，明确三无产品的危害

结合真实案例，向奶奶解释三无产品存在严重的质量和安全隐患，如可能是过期食品、含有非法添加物、未经科学检验等，长期食用可能对健康造成严重影响。

示范："我看到了一些新闻报道，讲述了一些人因为食用了三无保健品而出现健康问题。您吃这样的东西，真的让我们很担心，以后不买了，好吗？"

③提出解决方案

建议奶奶通过正规渠道购买保健品，并选择有品牌、有质量保障的产品。

示范："您的健康和幸福是我们最关心的事情。以后我们在正规的药店买有品质保障的产品，好吗？"

08 爸爸总拿我和别人比，怎么沟通能让爸爸看到我的优点

低情商提问

爸爸：你看看人家小明，学习好、有礼貌……

小刚：哼，您为什么总是拿我和别人比？

这样的提问可能会让爸爸觉得自己明明是出于好意，想激励你，却被你误解，从而感到伤心和难过。

高情商提问

小刚：爸爸，我希望您也能多发现我的优点和努力，而不是总拿我和别人比较。我身上也有很多闪光点，您觉得呢？

这样的提问既直接地表达了你的态度，也强调了每个人的独特性，有助于让爸爸意识到并关注你的优点。

高情商提问技巧指导

①诚恳地表达感受

真实、诚恳地表达你因为被比较而感到沮丧和不安。

示范："爸爸，当您把我和其他人比较时，我会感到很难过和不被认可。您能理解我吗？"

②强调个人价值

列举自己的优点和成就，让爸爸知道并认可你的价值。

示范："爸爸，我也有自己的优点和特长，比如我在音乐和体育方面取得了一些成绩。您注意到了吗？"

③理解对方的行为

在表达完自己的感受和个人价值后，试着从爸爸的角度去理解他的行为。

示范："我知道您是希望我变得更好，可是越比较，我就越焦虑，我希望您能看到我的努力和进步，可以吗？"

④提出具体建议

提出一些具体的建议，帮助爸爸改变他的行为。

示范："我们可以一起制定一个目标，让我一步步地努力、进步，而不是在和别人比较时打击我的自信心，您说好不好？"

09 妈妈总是身材焦虑，怎么沟通能让她自信一点

低情商提问

妈妈：我最近越来越胖，都不敢出门了！

小美：您这个年纪了，干吗总是这么在意自己的身材呢？

这样的提问不仅让妈妈觉得自己的情绪和担忧没有被重视，而且你不耐烦的情绪会让妈妈更加难过。

高情商提问

小美：妈妈，世界上没有完全相同的两片叶子，也没有完全相同的两个身材。所以，您的身材是独一无二的“限量版”，您觉得呢？

这样的提问用幽默和轻松的方式来逗妈妈一乐，情绪好了，焦虑也自然没了。

高情商提问技巧指导

①用幽默表达关心和支持

幽默是一种很好的沟通方式，但幽默也不能乱用，主要让妈妈感受到你的关心和支持，而不是在取笑她。

示范："听说最新的时尚潮流就是'不完美'，您可是走在时尚前沿啊！难道您还不自信吗？"

②强调健康的重要性

提醒妈妈最重要的是身体健康，而不是身材的完美。另外，智慧、善良和勇气，这些内在品质比外在的身材更重要。

示范："妈妈，比起外表的美丽，您不仅身体健康，而且善良、聪明，还让家里充满了爱和温暖。这些足以让您站在人群里闪闪发光，您觉得呢？"

③表达支持，给予肯定

经常给予妈妈正面的肯定和支持，给予妈妈可以对抗焦虑的勇气。

示范："妈妈，无论您的身材如何，我都会一直爱您、支持您。我希望您能更加自信和快乐地生活。"

10 爸爸爽约，怎么询问不让爸爸觉得丢面子

低情商提问

小刚：您总是说话不算话，让我以后还怎么相信您？

爸爸：你这孩子！

这样的提问带有很强的情绪且带有指责的意思，会让爸爸感到被攻击和不被尊重，容易让谈话气氛陷入尴尬。

高情商提问

小刚：爸爸，我知道您工作很忙，时间很紧张，但您之前答应过要带我出去玩，我真的很期待。您还能带我去吗？

爸爸：儿子，对不起！爸爸一定会带你去的。

这样的提问从理解爸爸切入，再强调自身感受，更有利于维系父子关系。

高情商提问技巧指导

①避免指责，保持尊重

避免使用指责性的语言或态度，不要让爸爸感到自责或尴尬。记住，有效的沟通是建立在相互理解和尊重的基础上的。

示范：“爸爸，我很珍惜和您在一起的时光。我们之前的小约定，您是不是忘记了？”

②表达感受，询问原因

准确表达自己的感受，但不要指责或抱怨，要用开放性的方式询问爸爸原因。

示范：“爸爸，我真的很期待您能带我去游乐园，但一直没能实现，我有点儿失望和伤心，您最近有时间吗？”

③表示理解和期待

对爸爸失约表示理解，可能是因为某些原因，如工作、身体等而未能履行承诺，并积极表示自己的期待。

示范：“爸爸，我知道您最近工作很忙，等忙过了这段时间，我们可以找个周末一起去游乐园吗？”

11 想和同学去看电影，怎么向妈妈提出诉求

低情商提问

小美：妈妈，我跟同学去看电影，回来可能会晚些，要给我留门哟！

妈妈：我很不放心。

这样提诉求没有考虑到妈妈的担忧，而且不是与妈妈商量的语气，会让妈妈感到不被尊重，很难争取到妈妈的同意。

高情商提问

小美：妈妈，我下午2点想和小明去看场电影，我会提前完成作业。我们看完会一起回来，保证安全，可以吗？

这样的提问清晰地说明了计划，强调了不会影响学习，并能保证安全，打消妈妈的担忧，她自然不会拒绝。

高情商提问技巧指导

①明确且清晰地表达请求

直接、明确地表达你的请求，告知妈妈电影名称、时间、地点、同行的朋友等信息，可以减少妈妈的担心。

示范：“妈妈，我这周六下午3点想和小明一起去星光电影院看电影。观影结束我们就会一起回家，您不用担心我，我会注意安全的。”

②给出合理的解释和理由

给出你去看电影的理由，并且这些理由要合理、有说服力。比如，电影的教育意义、娱乐价值，或者和朋友一起去的社交价值。

示范：“这部电影很励志，能给我的学习带来很大启发。我和几个同学一起去，也能增进我们之间的友谊。您觉得呢？”

③给出合理计划和安排

包括如何安排时间以确保不影响学习，如何确保自己的安全。这会让妈妈看到你的责任感。

示范：“妈妈，我知道您一直都很关心我的学习和休息，我保证我在看电影前会先把作业完成的。”

12 想了解家里的经济状况，怎么向妈妈开口询问

低情商提问

小刚：妈妈，咱家里有多少钱？我们家很穷吗？

妈妈：家里的经济状况不用你操心，你就好好学习吧。

这样的提问会让妈妈觉得你是在关心钱而不是关心家庭或她的感受，她会觉得你很不成熟，不想跟你深入沟通。

高情商提问

小刚：妈妈，作为家庭的一员，我想了解一下我们的经济状况，可以吗？这不仅可以让我更好地管理自己的日常开支，还能让我更理解家庭的需求和规划。

这样的话术以关心、理解和尊重的态度提出问题，让妈妈看到你对家庭的责任感，会跟你进行深入交流。

高情商提问技巧指导

①以关心的语气开始

不要直接切入主题，而是先表达你对家庭的关心和责任感。

示范：“妈妈，我很关心我们的家庭，能告诉我咱家的经济状况吗？”

②表达自己的担忧

适当地表达对某种特定问题的担忧，更容易打开对方的话匣。

示范：“我知道，你们一直在为我未来上大学的钱焦虑、担忧，所以我想了解一下咱家的经济状况，这样我平时花钱时也会多注意一些，您能给我说说吗？”

③提供支持和帮助

如果妈妈表示家里确实存在经济困难，你可以表达你的支持，并愿意提供帮助。

示范：“妈妈，我想了解一下我们家的经济情况，我也是家庭中的一分子，想帮您分担一下，您跟我说说吧！”

13 送给朋友礼物，怎么询问对方是否真心喜欢

低情商提问

小美：为了给你选礼物，我可是花了不少钱呢，你一定喜欢这个礼物吧？

朋友：喜欢……

这样的提问会让朋友感觉很有压力，即使对方不喜欢，也可能会迫于压力说“喜欢”，而且会心存芥蒂。

高情商提问

小美：我挑选这份礼物的时候，特别考虑了你的喜好。怎么样？它合你的心意吗？

这样的提问强调了自己送朋友送礼物的心意，以友谊来打开话题，彼此更容易敞开心扉。

高情商提问技巧指导

①了解朋友的喜好

在购买礼物前，尽量了解朋友的喜好和风格。这样可以提高礼物的针对性，减少不必要的误解和失望。

②强调礼物的情感价值

在询问朋友意见前，先强调礼物的情感价值，明确双方的友谊才是最重要的。

示范：“我在选择这份礼物的时候，想到了我们曾经一起经历过的点点滴滴，它就像是一个小小的回忆盒，装满了我们的美好回忆。你喜欢吗？”

③给予朋友足够的表达空间

给朋友足够的空间点评礼物，并表示不管他如何评价或有什么想法，都不会影响双方的友谊。

示范：“你觉得这个礼物怎么样？但我觉得不管什么礼物都不能代替我们之间的友情。”